A son fils JEAN.

ALLEGRO BRILLANT.

par

Willem Ten Have.

OP. 19.

N. B. The Accompaniment to this Violin solo for String Quintett may be obtained.

dim.
f
p
mf

4e Corde
largamente
f
dim.
f
dim.
f
f

cresc.
cresc.
Poco meno mosso.
Poco meno mosso.
dim.
dolce

Più mosso.
cre - scen - do
a tempo
cresc.
poco dim.
cresc.
poco ritard.
a tempo
cresc.

ALLEGRO BRILLANT.

par

Willem Ten Have.

OP. 19.

Violon.

Violon.

Poco meno mosso.
mf
dolce
sul G
dim.
f
dim.
p
sul G
f
rit. e dimin.
a tempo
p
cresc.
f
ritard.
sul G
a tempo
f
p
cresc.

sul G
dim.
dim.
sul G
rit.e dim.
rit.

a tempo.
p
cresc.
a tempo
pp
cresc.
sul G
a tempo
ritard.
f
a tempo
ritard.
f
p
p

Più mosso.
cresc.
f
cre
Più mosso.
cresc.
f
cre
scen
do
ff
scen
do
ff
f
a tempo
a tempo
poco rit.

cresc.
cresc.
poco dim.
cresc.
dim.
f
poco rit.
cresc.
f
poco rit.
a tempo
f
a tempo
f